웨스트민스터
소요리문답

구원자 그리스도

정요한 지음

엔크리스토

삶을 바꾸는 소요리 성경공부 시리즈를 펴내면서…

"사람의 제일 되는 목적은 무엇입니까?"라는 질문으로 시작되는 웨스트민스터 소요
리문답은 우리가 믿는 기독교 신앙을 단순하고 명쾌하게 설명하고 있습니다. 1643년부
터 1652년까지 영국 런던의 웨스트민스터 대성당에 많은 성직자들과 신학자들이 모여
서 우리의 신앙을 정의하기 위한 회의가 열렸습니다. 그 결과로 웨스트민스터 신앙고
백서가 작성되었고 이를 효과적으로 교육하기 위하여 대·소요리문답이 연이어 작성
되었습니다. 이중 소요리문답은 신앙고백서의 내용을 교회에 처음 출석하는 초신자들
과 어린이들에게 쉽게 교육하기 위하여 1647년 쓰였습니다.

우리가 믿는 기독교는 말씀의 종교입니다. 하나님께서는 말씀으로 세상을 창조하
셨고, 스스로를 말씀을 통해 사람들에게 계시하셨습니다. 우리가 하나님을 바르게 믿
고 바르게 행하기 위해서는 말씀을 잘 읽고 연구해야 합니다. 이를 위해 교회는 문답
의 형식을 사용해서 하나님의 말씀을 가르치는 전통을 지켜 왔습니다. 웨스트민스터
소요리문답은 그런 요리문답의 전통 안에서 개혁교회가 가지고 있는 신앙의 내용을
가장 잘 알려 주는 문답서입니다.

사실 요리문답은 논리적으로 사람의 이성에 호소하는 것이기 때문에 어느 정도 딱
딱할 수 있습니다. 그러나 믿음의 내용을 바로 아는 것의 유익은 이루 말할 수 없이 큽
니다. 바로 알아야 바로 믿을 수 있으며 바로 행할 수 있기 때문입니다. 소요리문답의
내용도 같은 형식으로 구성되어 있습니다. 먼저 하나님에 대해서, 구원에 대해서 알아

야 할 내용들을 제시하고 있습니다. 또한 중반 이후로는 이 신앙의 내용을 알게 된 사람들이 어떻게 살아야 할지를 제시하기 위해서 십계명과 성례, 주기도문에 대해서 가르치고 있습니다. 따라서 소요리문답의 내용을 잘 공부한다면 우리가 하나님과 믿음에 대해 반드시 알아야 할 내용들을 배우게 되며, 또한 그리스도인으로서 어떻게 살아야 할지에 대해서도 배우게 됩니다.

이 교재는 웨스트민스터 소요리문답의 내용을 일 년, 48주 동안 배울 수 있도록 구성했습니다. 각 문항들의 내용을 논리적으로 배울 뿐만 아니라 더 나아가 배운 내용을 삶 속에서 실천하기 위한 과제들을 제시하고 있습니다. 일 년 간 이 내용들을 잘 배우고 실천 과제들을 잘 해결한다면 이 땅에서 살아가는 동안 그리스도인으로서 하나님과 동행하는 삶을 살 수 있는 힘을 얻게 될 것입니다.

이 교재를 통하여, 하나님과 믿음에 대해 바르게 배울 수 있기를 바랍니다. 그리고 이를 통해 앎과 삶이 일치하는 그리스도인으로 자라갈 수 있기를 기대하면서 이 책을 시작합시다.

2014년 7월
저자 정요한

이 책의 활용법

요리문답의 가장 훌륭한 활용법은 질문과 답변을 통째로 암기하는 것입니다. 성경말씀을 암송하듯이 요리문답의 내용을 암기한다면 믿음과 삶에 큰 진보가 있을 것입니다. 아울러 다음과 같은 방법으로 이 교재를 활용할 수 있도록 구성하였습니다.

문항
소요리문답은 107개의 질문과 답변으로 구성되어 있습니다. 단원 공부를 시작하기에 앞서 먼저 각 문항을 가능하다면 암송을 하거나, 최소한 어떤 내용인지 숙지하도록 합니다. 어떤 내용이며 주제가 무엇인지 살펴보고 공부를 시작합니다.

읽어 봅시다
각 문항과 직, 간접적으로 관계가 있는 성경구절들을 읽어 봅니다. 성경구절은 가능하면 사건 위주로, 이야기로 구성되어 있는 구절을 선택하였습니다. 문답의 내용들이 성경에 어떤 방식으로 등장하는지 살펴봅니다.

생각해 봅시다
앞서 숙지한 각 문항의 내용과 읽은 성경구절을 가지고 종합적으로 그 내용이 어떤 의미를 가지고 있는지, 특별히 나와 내 삶과 어떤 관계를 가지고 있는지 먼저 생각해 봅니다. 제시된 질문들 이외에도 스스로가 질문을 던지고 생각해 봅시다.

내용연구
문항의 내용을 중점적으로 공부하는 코너입니다. 소요리문답은 성경구절들을 취합, 편집해서 그 내용을 구성하고 있습니다. 우선은 각 문항에 대해서 설명을 하고, 각 문항을 구성하는 근거가 되는 성경구절들을 찾아서 읽어 보고, 그 내용을 우리의 말로 다시 구성해 보는 식으로 편집했습니다. 이 부분을 잘 공부하면 성경의 중점적인 내용들을 습득할 수 있을 것입니다.

정리해 봅시다

내용을 다 공부했으면 이제 그것을 우리 자신의 말과 표현으로 다시 확인해 봅니다. 빈칸을 채우면서 문항의 내용을 다시 정리합니다.

실천해 봅시다

기독교의 진리는 이성적으로 배우는 것만으로는 완전하지 않습니다. 진리를 배웠다면 반드시 우리의 행동과 생각에 변화가 일어나야 합니다. '실천해 봅시다'에서는 각 문항을 공부해서 성경의 진리를 알게 되었다면 그것을 근거로 우리의 생각과 행동이 어떻게 변해야 할지 구체적으로 실천할 내용을 제시합니다. 일주일 간 반드시 실천해 보고 이를 통해 우리의 삶을 변화시키는 하나님 말씀의 능력을 경험합시다.

추천사

웨스트민스터 소요리문답은 지난 수백 년 간 장로교회가 사용해 온 가장 중요한 교리문답 가운데 하나입니다. 이 책은 다소 딱딱하게 느껴질 만한 문답의 내용을 스스로 생각하며 공부할 수 있도록 도와줄 것입니다. 신앙의 기초를 다지고 싶거나 새롭게 우리의 믿음을 확인하고자 하는 그리스도인들, 특히 청소년들에게 많은 유익을 줄 것으로 확신합니다.

－김광열 교수, 총신대학교 신학과 조직신학

오늘날 기독 어린이, 청소년, 성인에 이르기까지 많은 성도들이 기독교의 기본 진리에 대한 이해가 부족한 것을 볼 수 있습니다. 매 주일마다 설교를 듣고, 주일학교에 다녀도, 성경의 기본적 진리에 대한 질문을 하면, 답을 못하는 경우가 많아 안타까움을 느끼곤 했습니다. 웨스트민스터 소요리문답을 자기주도적으로 학습할 수 있도록 발간된 이 교재가 기독교 진리의 기초를 쌓는 데 많은 도움이 되기를 바랍니다.

－김희자 교수, 총신대학교 기독교교육과

차례

구세주 예수 그리스도

제21문 하나님이 선택한 자들의 구원자는 누구입니까?

답 하나님이 선택하신 자들의 유일한 구원자는 영원하신 하나님의 아들, 사람 되신 주 예수 그리스도이십니다. 그분은 이전에도, 그리고 여전히 하나님이시자 사람이시며 이 두 본성이 한 인격 안에 영원히 계십니다.

제22문 하나님의 아들이신 그리스도께서 어떻게 사람이 되셨습니까?

답 하나님의 아들 그리스도는 실제 몸과 지각 있는 영을 취하심으로 사람이 되셨습니다. 그분은 그분에게 생명을 준 동정녀 마리아의 태중에 성령의 능력으로 잉태되셨지만 여전히 죄는 없으십니다.

읽어 봅시다
요한복음 1:1~15
예수님은 삼위의 두 번째 하나님으로서 창조 때에 성부 하나님과 같이 그분의 곁에서 온 세상을 함께 창조하셨습니다. 그분은 참되신 하나님이시면서 또한 참된 인간으로 세상에 내려오셨습니다.

- 여러분은 기적이나 남들이 겪어 보지 못한 새롭고 신기한 일을 경험한 적이 있습니까? 있다면 서로 이야기해 봅시다. 그런 신기한 일들 앞에서 어떤 기분이 들고 무엇을 느꼈습니까?

예수, 구원자

- 예수님은 삼위 하나님의 두 번째 하나님이십니다. 예수님은 태초로부터 지금까지 여러 가지 일들을 하시고 계시지만 그중 가장 중요한 일은 바로 그리스도, 구원자로서 세상에 내려오셔서 하나님께서 선택하신 인간들을 구원하신 일입니다.

1. 다음 성경구절들을 찾아서 읽어 보고 예수님이 어떤 일을 하셨는지 알아봅시다.
   (1) 요한복음 1:3
   (2) 마태복음 8:1~15
   (3) 누가복음 8:1
   (4) 마가복음 1:16~20
   (5) 마태복음 1:1, 2

2. 다음 구절들을 찾아서 요약해서 써 보고 예수님의 구원 사역에 대해서 성경에서 뭐라고 이야기하는지 정리해 봅시다.
   (1) 요한복음 14:6
   (2) 사도행전 4:12
   (3) 디모데전서 2:5, 6

3. 예수님은 하나님께서 선택하신 자들을 구원하실 때 어떤 방법을 사용하실까요? 다음의 구절들을 찾아보고 어떤 방법이었는지 알아봅시다.

   (1) 베드로전서 1:18, 19, 디모데전서 2:6

   (2) 골로새서 2:15

예수, 하나님의 아들, 사람

• 이 예수님은 하나님의 아들이십니다. 그분은 하나님이시지만 또한 완전한 사람이십니다.

1. 성경은 예수님이 하나님이심을 증명합니다. 그분은 하나님의 아들로서 하나님과 함께 영원 전부터 존재하신 하나님이십니다. 이를 증명하는 다음의 성경구절들을 찾아서 써 봅시다.

   (1) 시편 2:7

   (2) 마태복음 3:17

   (3) 요한복음 1:18

2. 그분은 또한 하나님이시지만 완전한 사람이 되셨습니다. 왜 사람이 되셔야 했을까요? 다음의 성경구절들은 그 이유를 두 가지로 설명하고 있습니다. 어떤 것인지 알아봅시다.

   (1) 히브리서 9:22

   (2) 히브리서 2:16, 17

3. 예수님은 참된 하나님으로서 사람의 몸을 입고 이 땅에 오셨습니다. 예수님이 하나님이실 뿐만 아니라 또한 사람이었음을 증명하는 성경의 구절들을 찾아서 읽어 봅시다.

   (1) 이사야 9:6

(2) 마태복음 1:23

(3) 갈라디아서 4:4

4. 예수님이 참된 하나님이시지만 또한 참된 인간이 되심은 어느 한때만이 아니라 영원 전부터 영원 후까지 그러합니다. 그분은 영원히 존재하는 하나님이시자 사람이십니다. 이를 증거하는 성경의 구절들을 찾아서 읽어 봅시다.

(1) 사도행전 1:11

(2) 로마서 9:5

(3) 히브리서 7:24, 25

정리해 봅시다

하나님께서 선택하신 자를 구원하기 위해 (　　　　　)께서 이 땅에 오셨습니다. 그분은 영원히 참된 (　　　　)이시자 참된 (　　　　)이십니다.

실천해 봅시다

1. 하나님이시면서도 인간을 구원하기 위해 이 땅에 오신 예수님의 사랑을 묵상하는 한 주가 됩시다.

2. 우리도 예수님처럼 낮아져서 다른 사람을 위해 희생할 수 있는 방법이 어떤 것이 있는가 생각해 봅시다.

그리스도의 삼중직, 선지자

제23문 그리스도께서 어떻게 우리의 구원자이십니까?

답 우리의 구원자로서, 낮아지심과 높아지심 가운데 그리스도는 우리의
선지자요, 제사장이요, 왕이십니다.

제24문 그리스도께서 어떻게 선지자이십니까?

답 선지자로서 그리스도께서는 우리의 구원을 위한 하나님의 뜻을 그분
의 말씀과 영으로 계시하십니다.

읽어 봅시다

마태복음 4장

예수님의 공생애는 세례 요한으로부터 받은 세례, 금식과 시험, 그리고 천국 복음의 선포와 제자
들을 부르시는 것으로 시작되었습니다. 이 모든 것들이 예수님 사역의 성격을 잘 보여줍니다. 세
례 요한으로부터 받은 세례와 그 위에 임하신 성령님을 통해서 예수님이 하나님의 아들이심을 공
식적으로 나타내셨고, 금식과 마귀의 시험을 이기심을 통해 하나님의 말씀으로 사는 법을 보이셨
으며 제자들을 부르셔서 그분의 사역을 퍼뜨리게 하셨습니다. 그리고 천국이 가까웠다는 선포를
통해 그분이야말로 완전한 하나님의 선지자이심을 우리에게 보여주고 있습니다.

• 설교를 통해 하나님의 말씀이 선포되면 거기에 대해서 어떻게 반응합니까?

선지자 예수

• 예수님께서 인간의 몸을 입으시고 이 땅에서 일하실 때, 그분은 공적인 직분을 가지고 계셨습니다. 그것은 선지자, 제사장, 왕의 직분이었습니다. 이를 그리스도의 삼중직이라고 합니다. 예수님의 삼중직 중 첫 번째는 선지자로서의 사역이었습니다. 예수님은 선지자로서 사람들에게 하나님의 말씀을 전하십니다. 구약시대 선지자들처럼 예수님이 선포하신 말씀은 하나님 나라 백성이 되는 방법과, 그 나라 백성으로서 어떻게 살아야 할 것인가였습니다. 그 중심에는 우리를 구원하려는 하나님의 뜻이 있었습니다.

1. 요한복음 15장 15절을 읽고 궁극적으로 예수님께서 하신 일이 무엇이었나를 이야기해 봅시다.

2. 요한복음 20:30, 31은 요한복음이 기록된 이유에 대해서 이야기하고 있습니다. 찾아서 읽고 요약해서 써 보고 무엇이라고 가르치는지 서로 이야기해 봅시다.

3. 예수님 스스로 자신의 사역에 대해서 말씀하신 누가복음 4:18~19, 21을 읽고 그것이 무엇이었나 정리해 봅시다.

- 예수님의 선지자직은 먼저 그분의 말씀을 통해 알 수 있습니다. 그분의 말씀은 권위가 있어서 다른 사람과 같지 아니하였고 하나님의 능력이 담겨 있었습니다. 그분의 제자들이 이를 정리해서 오고 오는 세대에게 전해지도록 했습니다.

1. 베드로전서 1:10, 11을 읽고 구약성경, 특히 선지자들의 말씀이 무엇에 관한 것이었는지 정리해 봅시다.

2. 히브리서 2:3, 4에 의하면 결국 예수님의 일, 즉 우리의 구원에 대해서 말씀하신 분이 누구라고 가르치고 있습니까?

성령을 통하여 계시하심

- 예수님이 선지자로서 선포하신 하나님의 구원 사역은 성령으로 말미암아 확증되었습니다. 예수님의 말씀을 들을 때, 성령님의 도우심이 없이는 그것을 깨달아 회개하고 구원에 이르게 하는 믿음을 소유할 수 없기 때문입니다. 뿐만 아니라 구원을 얻었다 하더라도 성령님의 도우심이 없이는 구원 받은 자로서의 삶을 살 수도 없습니다. 예수님께서는 자신의 말씀과 사역을 성령님을 통해서 우리에게 전하시고 확증하십니다.

1. 요한복음 14:26은 예수님이 성령님을 통해서 자신의 말씀을 가르치시고 생각나게 하신다고 말씀하십니다. 찾아서 읽고 써 봅시다.

2. 고린도전서 2:14을 찾아서 읽어 보고 성령님의 도우심이 없다면 우리의 상태가 어떠할지 이야기해 봅시다.

3. 예수님의 선지자로서의 사역은 예수를 믿는 우리들에게 위임됩니다. 우리가 선지자가 되는 것은 아니지만 예수님이 하신 일을 이 땅을 살면서 계속해야 합니다. 이를 우리에게 명령하는 사도행전 1:8을 찾아서 읽어 보고 성령님의 도우심을 구하는 기도를 드립시다.

정리해 봅시다
예수님께서는 (   ) 직분을 가지고 하나님의 (   )의 뜻을 그 분의 (   )과 (   )을 통해 우리에게 나타내십니다.

실천해 봅시다
우리도 주님을 따르는 작은 선지자가 되어서 친구 한 사람 이상에게 이 복음을 전하는 한 주가 됩시다.

제사장이자 왕이신 예수님

제25문 그리스도께서 어떻게 제사장이십니까?

답 제사장으로서, 그리스도는 그 자신을 우리를 위해 단번에 희생 제물로
    바치셨고 이를 통해 신적인 정의를 만족시키셨으며 우리와 하나님을
    화해시키셨고, 끊임없이 우리를 위해 중보하십니다.

제26문 그리스도께서 어떻게 왕이십니까?

답 왕으로서 그리스도는 우리를 그분의 능력과 통치 아래 두시고 우리를
    보호하시며, 그분과 우리의 모든 원수들을 억제하시고 정복하십니다.

읽어 봅시다

사사기 17:1~15

사사시대 말엽, 이스라엘에는 분명히 왕이 있었습니다. 그분은 왕으로 이스라엘을 통치하시던 하나
님이었습니다. 하나님은 자신의 사사(Judge, 재판관)들을 세워서 하나님의 뜻을 이스라엘에 전하시
고 그들을 통하여 통치하셨습니다. 그러나 이스라엘 사람들은 사사들을 통한 하나님의 통치와 그분
의 왕되심을 거부하고 각자 자신의 소견에 옳은 대로 행하기 시작합니다. 결국 하나님의 왕되심을
거부한 끝에는 종교적 타락뿐만 아니라 18장 이후에 등장하는 민족적 비극이 뒤따릅니다.

- 여러분의 생각과 행동을 다스리는 존재는 무엇입니까?

제사장이신 그리스도

- 예수님은 대제사장으로서 우리를 대신하여 하나님께 제사를 드리셨습니다. 구약시대 이스라엘 백성들은 양과 염소를 가지고 끝없이 하나님께 나아와 반복적이고 불완전한 제사를 드렸습니다. 그러나 예수님은 십자가 위에서 친히 자기 자신을 제물로 하나님께 단회적이고 영원한 제사를 드리셨습니다. 이 제사는 하나님의 공의를 완전히 만족시키셨으며 이를 통하여 반복적인 제사가 끝나고 예수님을 믿는 모든 자들은 구원에 이르게 되었습니다. 또한 우리의 죄로 말미암아 하나님과 단절되어 있던 상태에서 그 단절을 해결해 주셨으며 지금도 제사장으로서 하나님께 우리를 위하여 대신 중보하고 계십니다.

1. 제사장으로 예수님께서 하신 첫 번째 일은 자신을 제물로 드려 하나님의 정의를 만족시키셨다는 것입니다. 다음 구절들을 찾아서 읽어 보고 성경이 이에 대해서 무엇이라 증언하는지 정리해 봅시다.

   (1) 이사야 53:4, 5

   (2) 로마서 3:25

   (3) 히브리서 9:27, 28

2. 예수님은 제사장으로서 하나님의 공의를 만족시키셨을 뿐만 아니라 하나님과 사람을 화해하게 하셨습니다. 그 의미가 무엇이고 우리에게 어떤 결과를 주었 는지 골로새서 1:22과 로마서 5:11을 찾아서 정리해 봅시다.

3. 그뿐만 아니라 예수님은 제사장으로서 하나님과 우리 사이에서 우리를 위하여 지금도 중보하고 계십니다. 로마서 8:34을 찾아서 써 보고 우리를 위해 기도하 시는 예수님께 감사합시다.

왕이신 그리스도

• 그리스도께서는 또한 우리의 왕으로서 우리를 영원히 통치하십니다. 그분은 자 신의 능력을 우리에게 나타내시고 통치하실 뿐만 아니라 우리를 보호하시며, 모든 원수 마귀의 세력과 싸워 이기셨습니다.

1. 마태복음 28:18~20은 예수님의 지상명령을 주실 뿐만 아니라 그분이 우리의 왕 되심을 가장 잘 나타내 보여 주고 있습니다. 찾아서 읽고 특히 18절을 써 봅시다.

2. 골로새서 1:13에 의하면 그리스도는 우리를 건져내서 보호하시는 분이라고 합 니다. 찾아서 읽어 보고 주님의 보호하심이 어떤 것인지 경험한 바가 있다면 서 로 이야기해 봅시다.

3. 그리스도는 또한 흑암의 세력과 싸워 이미 승리하셨습니다. 최후의 가장 강력한, 그러나 그리스도를 통해 완전히 정복할 원수가 무엇인지, 그리고 그것은 우리에게 어떤 소망을 주는지 고린도전서 15:24~26을 찾아서 읽고 이야기해 봅시다.

정리해 봅시다

예수님께서는 (　　　　)으로서 (　　　　)을 드려 단번에 하나님의 (　　　)를 만족시키셨고 하나님과 우리를 (　　　　)하게 하셨으며 우리를 위해 지금도 (　　　)하고 계십니다. 그분은 또한 (　　　　)으로서 우리를 (　　　　)하시고 (　　　)하시며 모든 (　　　　)와 싸워 승리하셨습니다.

실천해 봅시다

1. 우리와 하나님을 화목케 하신 예수님이 지금도 우리를 위해 중보하고 계십니다. 옆 친구와 서로 기도제목을 나누고 우리도 서로를 위해 기도하는 한 주가 됩시다.

2. 예수님의 다스리심을 받기 위해 우리가 구체적으로 할 수 있는 일이 무엇인지 생각해 봅시다.

그리스도의 낮아지심

제27문 그리스도께서 어떻게 낮아지셨습니까?

답 그리스도는 이렇게 낮아지셨습니다: 가난한 가정에 인간으로 태어나셨습니다. 율법에 순종하셨고 인생의 비참함으로 고통받으셨습니다. 십자가에서 하나님의 진노와 죽음의 저주를 당하셨으며 땅에 묻히셔서 장시간 죽음의 권세 아래 놓이셨습니다.

읽어 봅시다

이사야 53장

이사야 선지자는 그 모양이 사람보다 상하였으나 나라들과 사람들을 놀라게 하고 왕들의 입을 봉하게 할(사 52:13~15) 한 하나님의 종에 대한 예언을 합니다. 그분은 세상의 죄를 대신 지고 그들을 사하게 하려 고난당하고 상하고 멸시를 받으며 채찍에 맞는 모습으로 이 세상에 나타나십니다.

생각해 봅시다

- 타인을 위해서 그들보다 낮아지는 것은 어떤 것일까요? 그것은 고통스럽고 피해야만 하는 일일까요? 서로의 생각을 나눠 봅시다.

이 땅에 내려오신 그리스도

- 예수님은 하나님이셨습니다. 그분은 성부 하나님의 독생자로 영광과 존귀가 동등한 하나님이셨습니다. 그러나 그분은 하나님으로서의 영광을 버리시고 스스로 피조물의 모습을 입고 이 땅에 내려오셨습니다. 그것도 왕이나 고관대작의 집에 태어나지 않으시고 목수의 아들로 베들레헴의 한 마구간에서 태어나셨습니다. 인간이 상상할 수 있는 가장 낮고 천한 모습으로 이 땅에 내려오셨습니다. 뿐만 아니라 율법의 창조자이신 그분은 스스로를 낮춰 율법 아래 스스로 순종하셨습니다.

1. 예수님의 탄생이 어떠하셨는지 다음 구절들을 찾아서 읽어 보고 이야기해 봅시다.

    (1) 마태복음 13:55

    (2) 누가복음 2:7

    (3) 고린도후서 8:9

2. 갈라디아서 4:4에서는 예수님께서 율법 아래 나셨다고 가르치고 있습니다. 찾아서 읽어 보고 이것이 어떤 의미인지 서로 이야기해 봅시다.

고난당하신 그리스도

- 또한 예수님께서는 낮은 자리로 이 땅에 내려오셨을 뿐만 아니라 비참함과 고난을 당하셨습니다. 왕이신 하나님, 세상을 창조하신 그분이 낮고 낮은 자리에 내려오신 것으로도 엄청난 사건인데 그뿐만 아니라 다른 사람들이 당하지 않은 온갖 고난을 당하셨습니다.

1. 예수님은 육체적인 고난을 당하셨습니다. 다음의 구절들을 읽어 보고 어떤 고난을 당하셨는지 이야기해 봅시다.

    (1) 요한복음 4:6

    (2) 마태복음 4:2

    (3) 마태복음 27:26

2. 육체적인 고난뿐만 아니라 예수님은 정신적인 심한 고초도 당하셨습니다.

    (1) 마태복음 4:1

    (2) 누가복음 9:58

    (3) 히브리서 12:3

3. 마태복음 27:46을 읽어 보고 예수님이 받으셨을 가장 큰 고난이 어떤 것이었을지 서로 이야기해 봅시다.

죽임당하신 그리스도

- 예수님의 낮아지심의 극치는 영원한 하나님이시고 창조주이신 그분께서 인간이 겪어야 할 죽음을 당하셨다는 것입니다.

1. 예수님의 죽음은 그냥 보통의 죽음도 아닌 매우 치욕적인 죽음이었습니다. 빌립보서 2:8과 갈라디아서 3:13을 읽어 보고 그분의 죽음이 어떤 것이었는지 서로 이야기해 봅시다.

2. 마태복음 27:46을 읽어 보고 예수님의 죽으심의 진정한 의미가 무엇인가 생각해 봅시다.

정리해 봅시다

예수님께서는 (   )의 모습으로 이 땅에 내려오셔서 (   )을 겪으시고 (   )을 당하셨습니다.

실천해 봅시다

우리도 남을 위해 어떻게 낮아지고 어떻게 희생할 수 있을지 구체적인 방법을 이야기해 봅시다.

그리스도의 높아지심

제28문 그리스도께서 어떻게 높아지셨습니까?

답 그리스도의 높아지심은 사흘 만에 죽은 자 가운데서 다시 살아나신 것과 하늘에 올라가신 것과 하나님 우편에 앉아 계신 것과 마지막 날에 세상을 심판하러 오시는 것입니다.

읽어 봅시다

누가복음 24:1~10

십자가를 지시고 무덤 속까지 낮아지신 예수님은 그곳에 오랫동안 머물지 않으셨습니다. 사흘 만에 부활하셔서 제자들에게 보이시고 40일 간 그들과 동행하시다가 그들이 보는 앞에서 하늘로 승천하셨습니다. 지금은 하나님 우편에서 우리를 위하여 중보하고 계십니다. 그분의 높아지심은 단순히 지위의 높아짐, 명예나 권력을 의미하는 것이 아닌 믿는 자들의 구원을 위한 것입니다.

생각해 봅시다

- 지난주에 낮아짐에 대해서 생각해 봤습니다. 그렇다면 반대로 높아지는 것이 무엇이라고 생각하십니까?

부활하신 그리스도

- 인간을 위해 스스로 낮아지신 예수님은 이제 다시 스스로 높아지십니다. 예수님의 부활은 단순히 죽었다가 다시 살아난 놀라운 사건일 뿐 아니라 그분의 하나님 되심을 스스로 증거하는 사건이었습니다. 죄와 율법 아래 죽을 수밖에 없는 인간들과 다르게 예수님은 스스로의 능력으로 부활하셔서 율법의 속박을 벗어버리시고 모든 주를 믿는 인간들에게 부활과 영광의 소망을 주시는 사건입니다.

1. 성경에서는 예수님의 부활에 대해서 어떻게 증거하고 있습니까? 다음의 구절들을 찾아서 읽어 봅시다.

   (1) 고린도전서 15:5, 6

   (2) 고린도전서 15:17

   (3) 누가복음 24:6, 7

2. 예수님의 부활은 단지 영적인 부활이었을까요? 아니면 육체적인 부활이었을까요? 요한복음 20:27을 읽고 이야기해 봅시다.

3. 예수님이 부활하신 사건이 우리에게 어떤 의미가 있는지 다음의 구절을 읽고 생각해 봅시다.
   (1) 로마서 6:9

   (2) 고린도전서 15:20

승천하신 그리스도

- 부활하신 예수님은 40일 간 세상에서 제자들과 많은 사람들에게 보이신 후 하늘에 오르셨습니다. 그분은 지금도 하나님 우편에 앉아 계십니다.

1. 예수님의 승천에 대해서 증거하는 복음서의 말씀들을 찾아서 읽어 보고 그분이 승천하시면서 남기신 말씀들을 요약해 보고 우리가 할 일을 생각해 봅시다.
   (1) 마태복음 28:16~20

   (2) 마가복음 16:14~20

   (3) 누가복음 24:44~53

2. 예수님께서는 승천하셔서 하나님 우편에 앉아 계십니다. 성경에서는 예수님이 지금 그곳에서 무엇을 하고 계시다고 가르치는지 찾아봅시다.
   (1) 로마서 8:34

   (2) 요한복음 16:7

다시 오실 예수님

- 예수님은 다시 오실 것입니다. 그때가 언제인지는 아무도 모르지만, 그분의 재림은 확실히 이루어질 일입니다. 그분은 세상을 심판하실 것입니다. 우리는 예수님의 재림을 준비하면서 하루하루 그분의 뜻대로 살아야 합니다.

1. 마태복음 25:31, 32에서는 예수님의 재림에 대해서 무엇이라고 말씀하고 있습니까?

2. 마태복음 16:27, 골로새서 3:4, 데살로니가전서 4:13~18을 읽어 보고 예수님의 재림에 대해서 묘사하는 바를 정리해 봅시다.

3. 사도행전 17:31과 고린도후서 5:10을 읽어 보고 예수님의 심판이 어떤 것인지 생각해 봅시다. 그리고 우리가 어떻게 살아야 할지 결단합시다.

정리해 봅시다
예수님께서는 장사된 지 (   )만에 (   )하셨습니다. 그분은 40일을 제자들과 함께 지내신 후에 (   )하셔서 (   )에 앉아 계십니다. 그분은 반드시 세상을(   )하시기 위해 (   )하실 것입니다.

실천해 봅시다
부활신앙과 재림하실 주님을 맞이하기 위해 오늘 우리가 할 수 있는 일은 무엇인지 생각해 보고 서로 이야기해 보고 실천합시다.

구속에의 참여

제29문 우리가 어떻게 그리스도께서 값 주고 사신 구속에 참여하는 사람
이 됩니까?

답 그리스도의 성령께서 그 구속을 우리에게 효력 있게 적용하여 주심으
로 우리는 그리스도께서 값 주고 사신 구속에 참여하는 사람이 됩니
다.

제30문 그리스도께서 값 주고 사신 구속을 성령께서 우리에게 어떻게 적
용하십니까?

답 성령께서는 우리를 효력 있는 부르심으로 부르셔서 우리 안에 믿음을
일으켜 주시고 그리스도와 연합하게 하심으로 그리스도께서 값 주고
사신 구속을 우리에게 적용하여 주십니다.

읽어 봅시다

사도행전 10장

유대인이었던 베드로는 구약의 음식규례를 철저히 지키는 사람이었습니다. 그런 그에게 환상 가
운데 먹어서는 안될 것들을 먹으라는 하나님의 말씀이 임하였습니다. 그것은 이방인을 향한 복음
전파를 위해 베드로의 생각을 바꾸기 위한 하나님의 일이었습니다. 구원은 하나님께 속한 일입니
다. 하나님께서 선택하신 모든 사람은 반드시 구원을 얻게 됩니다. 그리고 베드로를 통해서 고넬
료에게 복음이 전해진 것처럼 우리 믿는 사람들은 복음을 전파하는 하나님의 도구로 사용되어야
합니다.

생각해 봅시다

• 믿음은 어떤 것일까요? 내가 믿는다는 증거는 무엇입니까? 서로 이야기해 봅시다.

구속에의 참여

• 그리스도께서 낮아지심과 높아지심의 위치에서 선지자, 제사장, 왕의 직분을 수행하심으로서 인류를 구원하시려는 하나님의 계획을 성취하셨습니다. 그리스도의 구속은 그분을 믿기로 작정한 사람들에게 절대적인 영향을 끼쳐서 반드시 믿고 구원 받게 합니다. 예수 그리스도께서 완성하신 구원을 성령님께서는 이를 믿도록 작정된 자들에게 적용하고 계십니다.

1. 히브리서 9:12을 읽고 우리의 구속이 무엇을 통해 이루어진 것인지 이야기해 봅시다.

2. 성경에서는 우리의 구속이 성령님에 의해 적용된다고 증거하고 있습니다. 다음 구절들을 찾아서 읽고 정리해 봅시다.

  (1) 디도서 3:5, 6

  (2) 요한복음 3:5, 6

  (3) 고린도전서 12:13

성령께서 하시는 일, 믿음

• 예수 그리스도께서 이루신 구속을 성령님께서 믿는 자들에게 적용하십니다.

그 일은 저절로 이루어지는 것이 아닙니다. 성령님께서는 먼저 믿기로 작정된 자들을 부르시고, 그들 안에 믿음을 일으켜 주시며, 그리스도와 연합하게 하심으로서 이 일을 이루십니다. 부르심에 대해서는 다음 과에서 공부하도록 하고 여기서는 믿음과 연합에 대해서 알아봅시다.

1. 성령님께서는 우리에게 믿음을 주십니다. 믿음이 어디서 나고 믿음의 증거가 무엇이라고 가르치시는지 성경을 통해 알아봅시다.

   (1) 믿음은 어디로부터 오는가: 로마서 10:17, 베드로전서 1:23

   (2) 믿기 위한 조건은 무엇인가: 에베소서 2:8

2. 1번 문항을 볼 때 결론적으로 우리에게 믿음이 있다는 증거는 무엇이라고 할 수 있습니까?

성령께서 하시는 일, 그리스도와의 연합

• 믿는 자들은 이제 그리스도와 연합하게 하십니다. 죄로 말미암아 단절되었던 하나님과의 관계가 성령님의 일하심을 통해 다시 회복됩니다.

1. 요한복음 15:5을 읽고 예수님과 연합하는 것이 어떤 것인지 두 가지로 이야기해 봅시다.

   (1)

(2)

2. 그리스도와의 연합이 일어나는 것은 두 가지 측면에서 살펴볼 수 있는데 그것
   은 하나님 편에서의 관점과 인간 편에서의 관점입니다.

   (1) 하나님 편에서 볼 때: 요한복음 6:44

   (2) 인간 편에서 볼 때: 요한복음 6:35, 잠언 8:17

정리해 봅시다

예수님의 구원사역은 (   )께서 그것을 받기로 작정된 자들에게 적용하
십니다. 그분은 우리를 (   ), 우리 안에 (   )을 주시고, 그리스
도와 (   ) 하심으로 그 일을 이루십니다.

실천해 봅시다

1. 믿음은 들음에서 납니다. 우리 주위에 아직 예수님의 구원을 모르는 자들에게
   하나님의 말씀을 전하는 한 주가 되시기를 바랍니다.

2. 그리스도와 연합하기 위해서 우리는 그분을 사랑하고, 간절히 찾아야 합니다.
   매일 저녁 잠자리에 들기 전에 하나님과 동행하게 해달라는 기도를 드립시다.

효력 있는 부르심

제31문 효력 있는 부르심은 무엇입니까?

답 효력 있는 부르심은, 우리가 죄 되고 비참하다는 것을 깨닫게 하시고,
그리스도를 아는 지식 안에 우리의 마음을 밝히시고, 우리의 의지를
새롭게 하시는 성령님의 일이십니다. 이를 통해 그분은 우리를 설득하
시며 복음 가운데 값없이 우리에게 주신 예수 그리스도를 영접하게 하
십니다.

읽어 봅시다
마태복음 22:1~14
혼인잔치를 베푼 어떤 임금의 비유처럼, 청함을 받아서 잔치 자리에 들어온 사람들은 많지만 그
들 가운데 택함을 받아서 끝까지 잔치 자리의 기쁨을 누린 자들은 많지 않습니다. 오늘날 교회를
다니는 모든 사람들이 구원 받을 자들로 선택된 것은 아닙니다. 나에게는 하나님의 선택을 받을
믿음이 있는지 생각해 봅시다.

생각해 봅시다

1. 성경의 가르침에 순종하려면 어떻게 해야 할까요?

2. 내 의지와 노력으로 하나님과 동행하는 것이 가능할까요?

효력 있는 부르심

• 복음은 모든 만민을 향해 열려 있습니다. 누구라도 복음을 들을 수 있고 교회에 나올 수 있으며 예배에 참석할 수 있습니다. 그러나 그 모두가 하나님의 선택을 받아 구원 받기로 작정된 사람들은 아닙니다. 선택 받은 사람들은 내적인 부르심을 받은 사람들입니다 성령님께서는 그들을 구원의 자리로 나아올 수 있도록 부르십니다.

1. 디모데후서 1:9을 읽고 다음의 빈칸을 채워 봅시다.
   (1) 하나님은 구원 받을 자들을 거룩한 (   )으로 부르셨습니다.

   (2) 그것은 우리의 (   )가 아니라 예수님 안에서 주신 (   )로 하신 것입니다

   (3) 그것은 (   ) 전에 이루어졌습니다.

2. 요한복음 3:5, 고린도전서 2:10, 요한계시록 22:17을 찾아서 읽어 보고 하나님의 이 부르심은 누구를 통해 완성되는지 찾아봅시다.

부름 받은 자들의 증상: 죄와 비참함을 깨닫게 됨

• 성령님은 구원 받을 자들을 부르십니다. 그리고 그 부르심을 받은 자들에게는 몇 가지 증상이 나타납니다. 첫 번째는 그들이 자신들의 죄와 비참함을 깨닫게 된다는 것입니다. 성령님께서는 그들의 마음에서 그들이 얼마나 죄 가운데 있

으며 비참한 지경인지를 깨닫고 회개하게 하십니다.

1. 요한복음 16:8과 사도행전 2:37을 읽고 성령님이 하시는 일을 정리해서 써봅시다.

2. 로마서 3:20과 갈라디아서 3:10을 읽고 죄와 비참함을 깨닫는 데 성령님이 사용하시는 방법이 어떤 것인지 이야기해 봅시다.

부름 받은 자들의 증상: 마음이 밝아져서 새로운 지식이 생김
- 성령님은 자신의 죄와 비참함을 깨달은 자들의 마음을 밝히십니다. 그리고 예수 그리스도에 대한 새로운 지식을 주십니다. 오직 성령님을 통해서만 예수 그리스도에 대해 바로 알 수 있습니다.

1. 고린도전서 2:10, 12을 읽어 보고 왜 성령님을 통해서만 예수 그리스도를 바로 알 수 있는지 서로 이야기해 봅시다.

2. 다음 성경구절들을 찾아 읽어 보고 다른 새로운 지식은 어떤 것인지 요약해 봅시다.
   (1) 사도행전 4:12

   (2) 히브리서 2:17

   (3) 사도행전 26:18

부름 받은 자들의 증상: 의지가 생겨남
- 성령님께서는 구원 받을 자들의 의지를 새롭게 하십니다. 하나님을 믿고자 하

는 의지, 그분의 뜻대로 살고자 하는 의지를 성령님이 주십니다.

에스겔 36:26을 읽고 이러한 의지가 어떻게 생겨날 수 있는지 이야기해 봅시다.

설득하시는 성령님

• 성령님은 우리의 마음을 열어 주시고 가르치셔서 하나님의 말씀을 믿고 예수 그리스도를 받아들이게 하십니다.

요한복음 6:44, 45, 사도행전 16:14을 읽고 성령님이 우리 마음 가운데 어떻게 일하시는지 적어 봅시다.

정리해 봅시다

성령님께서는 우리의 (   )과 (   )을 깨닫게 하시고, (   )를 알게 하시고 우리의 (   )를 새롭게 하셔서 예수 그리스도를 (   ) 하도록 설득하십니다.

실천해 봅시다

1. 성령님의 부르심을 받아 그리스도를 잘 믿고 있는지 우리의 상태를 점검해 봅시다.

2. 소요리문답 공부를 시작하면서 세웠던 성경읽기 계획이 있습니다. 지금 잘 진행되고 있습니까? 확인하고 성경읽기에 다시 힘을 냅시다.

3. 성령님은 우리의 의지를 새롭게 하셔서 하나님을 믿게 하실 뿐만 아니라, 우리가 하나님의 말씀에 순종하기 위해 노력하게 하십니다. 성경읽기를 하면서 매일 어떤 말씀에 순종해야 하는지 확인하고 순종합시다.

의롭다 하심

제32문 효력 있는 부르심을 받은 사람들이 이생에서 어떤 유익을 얻습니까?

답 이생에서 효력 있는 부르심을 받은 사람들은 의롭다 하심과, 양자됨과, 거룩하게 됨과 또한 이런 것들에서 나오는 다른 유익들을 얻습니다.

제33문 의롭다 하심이 무엇입니까?

답 의롭다 하심은 그분이 우리의 모든 죄를 사하시고 그분의 눈에 우리를 의롭다 여겨 주시는 하나님의 값없이 주시는 은혜입니다. 그분은 그리스도의 의를 우리의 의로 여기시기 때문에 그렇게 하십니다. 의롭다 하심은 오직 믿음으로만 받을 수 있습니다.

읽어 봅시다

야고보서 2:14~26

야고보서는 믿음과 행위의 관계에 대해서 우리에게 잘 설명해 주고 있습니다. 야고보 사도는 행함이 없는 믿음은 죽은 것이라 하며 믿는 자들의 행위에 대해서 설명하고 있습니다. 우리는 믿음으로 의롭다함을 얻지만 행위로 그것을 증명해야 합니다.

생각해 봅시다

• 하나님의 은혜와 믿음, 행위는 서로 어떤 순서와 관계를 가지고 있을까요? 서로 자신의 의견을 이야기해 봅시다.

부르심 받은 자들이 받는 유익

• 하나님의 부르심은 효력이 있어서 부르심 받은 자들은 반드시 구원을 받고 하나님의 백성이 됩니다. 그들은 이 땅에 살면서도 여러 가지 유익을 얻게 됩니다. 그것은 눈에 보이지 않는 영적인 것들도 있고 눈에 보이고 느낄 수 있는 실제적인 것들도 있습니다.

1. 로마서 8:30을 읽고 하나님의 선택과 구원이 어떤 단계를 거쳐서 일어나게 되는지 알아봅시다.

2. 고린도전서 1:30, 6:11, 에베소서 1:5을 읽고 그리스도인들이 이 땅에서 받는 유익들에 대해서 정리해 봅시다.

의롭다 하심

• 하나님께 부르심 받아 그리스도인이 된 사람들이 이 땅에서 받는 첫 번째 유익은 하나님 앞에서 의롭게 여겨지는 것입니다. 이를 다른 말로 '칭의'라고도 합니다. 우리가 예수님을 구주로 영접하고 그리스도인이 되었다 해도 순식간에 죄가 없는, 죄를 짓지 않는 존재가 되는 것은 아닙니다. 그러나 하나님은 우리를 죄 없는 자로 간주하십니다. 이는 마치 판사가 재판정에 끌려온 죄인에게 무죄를 선고하는 것과 같습니다. 하나님은 우리의 의가 아닌 예수 그리스도의 의를 증거로 받아들여 우리에게 무죄를 선고해 주십니다.

1. 로마서 3:24과 에베소서 2:8, 9를 읽어 보고 이러한 칭의가 어디서 오는지 이야
   기해 봅시다.

2. 이러한 의롭다 하심은 그리스도의 의를 우리의 의로 여기셔서 우리에게 오는
   것입니다. 에베소서 1:7과 로마서 5:19을 읽어 보고 예수 그리스도께서 어떻게
   하셨기에 그분의 의가 우리에게 전가되는지 이야기해 봅시다.

믿음으로 얻음

• 의롭다 하심을 얻는 방법은 단 한 가지인데 그것은 믿음입니다. 그런데 우리는
  여기에 있어서 두 가지를 잘 기억해야 합니다. 그 첫 번째는 우리가 믿고자 하
  는 마음을 가지기에 하나님이 우리를 선택하시고 구원하시는 것이 아니라, 하
  나님이 선택하시고 부르신 자들에게 또한 믿음을 주신다는 것입니다. 우리의
  믿음 또한 하나님의 은혜입니다. 두 번째는, 믿음을 가져서 의롭다 하심을 얻은
  자들은 반드시 그들의 삶에 변화가 일어난다는 것입니다. 하나님은 자신이 부
  르시고 구원에 이르게 하신 자들에게 역사하셔서 그들에게 의에 대한 갈망과
  변화를 주십니다. 이것은 행위로 구원을 받는다는 율법주의가 아니라 구원 받
  은 자들은 하나님의 말씀대로 살게 된다는 의미입니다.

1. 시편 130:4과 로마서 4:6~8을 잘 읽고 칭의와 믿음의 관계, 순서에 대해서 생각
   해 봅시다.

2. 로마서 3:20과 야고보서 2:26을 읽고 믿음과 행위의 관계에 대해서 서로 이야
   기해 봅시다.

정리해 봅시다

그리스도인들은 이 땅에서 (   )을 얻습니다. 그 첫 번째는 (   )을
얻는 것인데, 이를 다른 말로 (   )라고도 합니다. 이것은 (   )가 아
니라 오직 (   )을 통해서 얻습니다.

실천해 봅시다

일주일 동안 야고보서 전체를 읽고 믿는 자들의 행위가 어떠해야 할지 생각하고
정리해서 다음 주에 서로 발표합시다.

양자됨과 거룩하게 됨

제34문 양자됨이란 무엇입니까?

답 양자됨은 하나님께서 값없이 주시는 은혜의 행위로서 이를 통하여 우리가 그분께 속한 모든 권리와 특권들을 누리는 그분의 자녀가 되는 것입니다.

제35문 거룩하게 됨이란 무엇입니까?

답 거룩하게 됨은 하나님께서 값없이 주시는 은혜의 행위로서 이를 통해 우리의 전인이 하나님의 형상으로 새롭게 만들어지며, 우리가 점점 더 죄에 대해서는 죽고 의에 대해서는 살게 되는 것입니다.

읽어 봅시다
출애굽기 13:21, 22

이스라엘 백성들이 이집트에서 나와 광야에 이르렀을 때, 그들은 광야에서의 생활을 두려워했을 지도 모릅니다. 왜냐하면 광야는 메마르고 건조하며 낮에는 내리쬐는 태양이, 밤에는 추위가 그들을 괴롭히는 곳이었기 때문입니다. 하나님께서는 구름기둥을 통해 낮의 더위로부터, 불기둥을 통해 밤의 추위로부터, 그들을 보호하셨습니다. 하나님께서는 지금도 자신의 백성들, 자신의 자녀들을 지키시고 보호하시는 분이십니다.

생각해 봅시다

• 가난하고 천대받던 고아가 어느 날 갑자기 부잣집의 인격적인 부모님께 양자로
들어가게 된다면 어떤 기분을 느끼게 될까요?

양자로 삼으심

• 부르심 받은 자들이 이 땅에서 누리는 두 번째 유익은 하나님의 양자가 되는
것입니다. 이 세상의 모든 사람은 죄에게 종노릇하고 있습니다. 자기의 의지나
선택으로 세상을 살아갈 수 없어 죄가 이끄는 대로 끌려가는 것이 현실입니다.
그러나 하나님께서 선택하시고, 구원 받은 사람들은 더 이상 죄에게 종노릇하
는 죄의 노예가 아닙니다. 그들은 하나님의 양자로서, 자녀의 권리를 누리게 됩
니다. 그리고 이것은 지난주에 살펴본 의롭게 여기시는 은혜와 마찬가지로 전적
인 하나님의 은혜의 행위입니다.

1. 에베소서 2:3을 찾아서 읽어 보고 하나님을 알기 전 우리들의 상태가 어떠했는
지 서로 이야기해 봅시다.

2. 성경은 우리가 하나님의 양자, 곧 자녀라고 가르치고 있습니다. 다음 구절들을
찾아서 읽고 정리해서 써 봅시다.

   (1) 출애굽기 4:22

   (2) 요한복음 1:12

   (3) 로마서 8:15, 16

3. 양자로 입양되면 비록 그 부모의 친자식이 아니지만 친자식과 똑같은 권리를 가지게 됩니다. 우리가 하나님의 자녀가 되었을 때 우리에게 어떤 권리가 생기는지 다음의 구절들을 찾아서 읽어 보고 기록해 봅시다.

(1) 시편 121:7

(2) 시편 34:10

(3) 히브리서 12:6

(4) 요한일서 5:14, 15

(5) 로마서 8:17

4. 마태복음 5:11, 12과 로마서 8:17을 읽어 보고 이러한 권리를 얻기 위해서 또한 어떻게 해야 하는지 이야기해 봅시다.

거룩하게 됨

• 하나님께 부르심 받은 자들은 또한 이 땅에서 거룩하게 됨이라는 유익을 얻게 됩니다. 앞서의 칭의와 양자됨이 밖으로부터 주어진 것이고 겉으로 드러나는 변화가 없는 유익이었다면, 거룩하게 됨은 우리 안에서 일하시는 성령님의 역사이며 실제적인 변화가 일어나는 것입니다. 이 역시 우리에게 어떤 가치나 선이 있어서 받는 것이 아닌 전적인 하나님의 은혜의 행위입니다.

1. 고린도후서 5:17, 에베소서 4:23, 24은 부름 받은 자들의 거룩을 위해서 먼저 이루어져야 할 것에 대해 이야기하고 있습니다. 찾아서 읽어 보고 무엇인지 이야기해 봅시다.

2. 소요리문답은 거룩하게 되는 것을 두 가지로 설명합니다. 어떤 것인지 다음 구절을 읽어 보고 서로 이야기해 봅시다.

   (1) 로마서 6:11, 12

   (2) 로마서 6:13, 에스겔 36:25~27

정리해 봅시다

부름 받은 자들이 이 땅에서 받는 유익은 먼저 (   )의 (   )가 되는 것이고 또한 (   )에서 (   ) 능력을 얻는 것입니다.

실천해 봅시다

1. 하나님의 자녀로서 이 땅을 살아가기 위해서 어떻게 해야 할지 생각해서 적어 옵시다.

2. 성경에서 가르치는 거룩은 어떤 것인지 성경구절을 세 군데 이상 찾아 옵시다.

그 밖의 유익들

제36문 이생에서 의롭다 하심과 양자됨과 거룩하게 됨과 함께 오거나 그
것들로부터 나오는 유익은 무엇입니까?

답 이생에서 의롭다 하심과 양자됨과 거룩하게 됨과 함께 오거나 그것들
로부터 나오는 유익은 하나님의 사랑을 확신함과 양심의 평화와 성령
안에서의 기쁨과 오래 참음과 우리 삶의 끝까지 은혜 안에서 자라가는
것입니다.

읽어 봅시다

시편 6편

밧세바와 동침하고 그녀의 남편 우리아를 전장에서 죽게 만든 다윗. 왕궁을 짓고 편안하다. 안전
하다 하며 죄에 빠져 든 다윗에게 하나님께서는 선지자 나단을 보내십니다. 그리고 나단을 통해
서 다윗의 죄악을 통렬히 꾸짖으셨습니다. 그 앞에서 다윗은 바로 회개하며 하나님의 은혜를 구합
니다. 하나님은 선택하신 백성을 결코 놓지 않으십니다. 하나님은 나단을 통해 다윗을 꾸짖으셨을
뿐만 아니라 다윗의 안에서 이미 죄악을 깨닫고 뉘우치도록 역사하시고 계셨습니다. 하나님은 자
신의 백성을 끝까지 참고 인내하시면서 이끄시는 분이십니다.

생각해 봅시다

- 여러분은 약속을 소중히 여깁니까? 한 번 맺은 약속은 어떤 어려움이 있어도 끝까지 지키는 편입니까? 서로 약속을 지키는 것에 대해서 이야기해 봅시다.

하나님의 사랑을 확신함

- 하나님의 선택을 받아서 부름 받고, 의롭다 하심을 얻고, 양자가 되어 성화의 과정 가운데 있는 사람들은 거기에서 비롯된 또 다른 유익을 얻게 됩니다. 그 첫 번째는 하나님이 우리를 사랑하신다는 사실을 확신할 수 있다는 것입니다. 그것은 먼저 성경의 말씀이 믿어지는 것으로 나타납니다. 하나님의 선택을 받은 사람은 성경의 말씀과 약속이 믿어집니다. 그리고 그 성경은 우리가 하나님의 사랑을 받는 존재임을 가르치고 있습니다.

1. 로마서 5:5을 찾아서 써 보고 우리 마음에 이러한 확신이 있는지 서로 이야기해 봅시다.

2. 베드로후서 1:10, 요한일서 5:13, 히브리서 6:11, 12을 찾아서 읽어 보고 이 확신이 어떻게 이루어지는지 이야기해 봅시다.

3. 로마서 8:35, 38, 39을 읽어 보고 우리를 향하신 하나님의 사랑이 어떠한 것인지 이야기해 봅시다.

양심의 평안함과 성령 안에서의 기쁨

- 또한 하나님의 선택을 받아 구원 받은 자들은 양심의 평안함과 성령 안에서의

기쁨을 누릴 수 있습니다. 우리는 아직 육체를 입고 이 땅에 살고 있기에 죄 짓는 것을 완전히 끊을 수는 없습니다. 그러나 예수 그리스도의 속죄로 말미암아 의롭다 함을 얻게 되었기에 하나님과의 관계가 회복되었습니다. 이를 통해 우리는 양심의 평안을 누릴 수 있습니다. 또한 죄에서 자유로워지고 성령님이 우리 안에 계시기 때문에 세상이 줄 수 없는 기쁨을 누릴 수 있습니다.

1. 다음 구절들을 찾아서 읽어 보고 성경에서는 양심의 평안함에 대해서 어떻게 이야기하고 있는지 설명해 봅시다.

   (1) 로마서 5:1

   (2) 요한복음 14:27

2. 로마서 14:17을 읽어 보고 세상의 기쁨과 성령님이 주시는 기쁨이 어떻게 다른지 서로 이야기해 봅시다.

은혜의 증가와 견인(끝까지 견딤)

• 하나님의 선택을 받은 자들은 또한 그 은혜가 증가하며 은혜 가운데서 끝까지 견딜 수 있는 능력을 얻게 됩니다. 하나님은 그 사랑하시는 자에게 날마다 은혜를 더하십니다. 또한 하나님의 사랑을 받은 자들은 그 앞에 어떤 일이 있어도 끝까지 견디게 됩니다. 특히 이 견인의 교리는 매우 중요합니다. 하나님의 사랑을 맛본 자들은 그 사랑 안에 거하려 합니다. 그런데 사실 그것 역시 하나님의 은혜입니다. 하나님은 자신이 선택한 자를 잃어버리지 않으십니다.

1. 다음의 구절들을 읽어 보고 하나님의 은혜에 대해서 성경이 어떻게 표현하고

있는지 살펴봅시다.

(1) 잠언 4:18

(2) 베드로후서 3:18

2. 신구약을 막론하고 성경은 하나님께서 자신이 선택한 자들을 포기하지 않는
   것을 가르치고 있습니다. 예레미야 32:40, 베드로전서 1:5을 대표로 찾아서 읽
   고 정리해 봅시다.

3. 때로는 교회를 다니고 은혜를 받았던 자들이 믿음에서 떠난 것을 볼 때가 있습
   니다. 성경에서는 이에 대해서 어떻게 가르치고 있는지 요한일서 2:19을 찾아서
   읽고 서로 이야기해 봅시다.

정리해 봅시다

하나님의 선택을 받아 구원 받은 자들은 (   )을 확신하고 (   )
이 평안하며 성령 안에서 (   )을 누리게 되고 (   )가 많아지며 끝까
지 (   )합니다.

실천해 봅시다

한 주 동안 나를 사랑하시는 하나님의 사랑의 증거가 내 삶에 어떻게 나타나는지
살펴보고 적어 옵시다.

죽을 때 받는 유익들

제37문 신자들이 죽을 때에 그리스도로부터 받는 유익은 무엇입니까?

답 신자들이 죽을 때에, 그들의 영혼은 완전히 거룩하게 되고 즉시 영광
으로 들어가게 됩니다. 그리스도와 여전히 연합되어 있는 그들의 몸은
부활 때까지 무덤에서 쉬게 됩니다.

읽어 봅시다
누가복음 16:19~31
부자와 거지 나사로의 비유는 우리에게 하나님이 선택하신 자들의 죽음 이후에 대해 잘 보여주는
예수님의 비유입니다. 또한 이 비유는 영원한 기쁨과 영원한 고통이 우리가 살고 있는 바로 이 땅
에서 결정된다는 것을 가르치고 있습니다. 이 땅에서 부자로 즐겁게 사는 것보다 영원한 하나님
의 나라를 바라봅시다.

생각해 봅시다

• 죽음 다음에 우리는 어떻게 될까요? 지금까지 죽음 이후의 세계에 대해서 어떻게 생각해 왔는지 서로 이야기해 봅시다.

영혼의 유익

• 신자들은 이 땅에 살아 있을 때뿐만 아니라 죽을 때에도 예수님이 주시는 유익을 얻게 됩니다. 그 첫 번째는 우리의 영혼이 유익을 얻게 됩니다. 육체와 분리된 영혼은 하나님 앞에 완전히 거룩하게 됩니다. 또한 죽음의 순간 우리의 영혼은 그 즉시 하나님의 영광에 들어가게 됩니다.

1. 우리는 이 땅에서 살아가는 동안에는 완전함을 얻을 수 없습니다. 그러나 죽음을 지나 도착한 곳에서 우리의 영은 온전해집니다. 히브리서 12:22~24을 읽어 보고 그곳에서 우리 영혼의 상태와, 거기 동참하는 존재들은 누가 있는지 알아봅시다.

2. 신자들이 죽을 때 그들의 영혼은 완전한 거룩을 얻게 됩니다. 그것이 어떤 것인지 다음 두 구절을 찾아서 읽고 서로 이야기해 봅시다.

   (1) 요한계시록 21:27

   (2) 에베소서 4:13

3. 또한 신자들이 죽을 때에, 그들의 영혼은 즉시 영광으로 들어가게 됩니다. 그 영

광은 어떤 것인지 다음의 구절들을 찾아서 읽어 보고 세 가지로 이야기해 봅시다.

(1) 요한복음 14:2

(2) 고린도후서 5:8

(3) 요한계시록 14:13

육체의 유익

• 많은 종교들이 인간의 육체는 쓸모가 없고 거추장스러우며 벗어 버려야 마땅한 것으로 가르칩니다. 그러나 우리 기독교는 인간의 육체가 인간의 영혼과 똑같은 가치를 가지고 있다고 믿습니다. 인간의 육체는 하나님께서 자신의 손으로 직접 만드셨습니다. 예수님은 완전하신 하나님이셨지만 인간의 육체를 입고 이 땅에 내려오셨으며 육체 그대로 하늘로 올라가셨습니다. 모든 인간은 죽게 되고 육체는 땅에 묻혀 썩지만 그것이 끝이 아닙니다. 육체적으로 죽었을 때에도, 예수님이 부활하실 때 함께 부활할 때에도, 우리 신자들의 몸은 그리스도에게서 유익을 얻게 됩니다.

1. 인간의 육체는 죽어서 무덤에 묻혀 썩어 가고 있을 때라도 유익을 얻게 됩니다. 그 첫 번째 유익은 그런 상태일 때에도 여전히 그리스도와 연합하고 있다는 것입니다. 그 증거를 성경에서 찾아봅시다.

(1) 데살로니가전서 4:14

(2) 욥기 19:26 (And after my skin has been destroyed, yet in my flesh I will see God. NIV)

2. 앞에서 신자가 죽을 때, 그 즉시로 신자의 영혼은 거룩한 곳으로 들어간다는 것을 배웠습니다. 이제 신자의 육체는 무덤에 묻히게 됩니다. 성경은 신자의 육체가 그 무덤 안에서 잠자며 쉰다고 가르치고 있습니다. 이사야 57:2, 데살로니가전서 4:14을 읽고 확인해 봅시다.

정리해 봅시다

신자들은 죽어서는 (   )의 완전함을 얻어 즉시 (   )중에 들어가게 되며 그들의 (   )는 그리스도와 연합하여 (   )을 얻습니다.

실천해 봅시다

오늘 저녁 예수님이 재림하시더라도 후회 없는 삶이 되기 위해 지금 바꿔야 할 나쁜 습관 세 가지를 적어 보고 어떻게 바꿀지 계획을 세웁시다.

부활할 때 받는 유익들

제38문 신자들이 부활할 때에 그리스도로부터 받는 유익은 무엇입니까?

답 부활할 때에 신자들은, 심판의 날에 죄 없음이 공적으로 알려지고 선포
되며, 하나님의 충만하신 기쁨 안에서 완전한 복을 영원토록 누릴 것입
니다.

읽어 봅시다

요한계시록 21장

요한계시록 21장은 장래의 천국에 대해서 보여주고 있습니다. 그곳은 각종 보석과 금은으로 치장
되어 있으며 온갖 영광이 가득한 곳입니다. 그리고 그 모든 값진 것보다 더욱 큰 복은 하나님이
우리와 영원토록 함께하신다는 사실입니다.

생각해 봅시다

• 우리는 천국에 들어갈 소망을 가지고 이 땅에서 살아가는 사람들입니다. 지금 이 세상에서 천국 백성으로 살 수 있을까요? 어떻게 하는 것이 천국 백성으로 살아가는 것일까요? 서로 이야기해 봅시다.

신자의 부활

• 인간의 죽음은 그대로 끝이 아닙니다. 예수님께서는 반드시 다시 이 땅에 오실 것입니다. 그리고 그날에 우리 육체는 쉼을 끝내고 부활하여 재림하시는 예수님을 눈으로 보게 될 것입니다. 그날이 언제인지는 아무도 알 수 없지만 예수님이 다시 오시고, 우리의 육체가 부활할 날이 반드시 온다고 성경은 가르치고 있습니다.

1. 요한복음 5:28, 데살로니가전서 4:16을 찾아서 읽어 보고 마지막 날의 부활이 영적인 것인지, 아니면 육체의 부활도 있는지 알아봅시다.

2. 성경에서 이야기하는 부활은 어떤 것인지 다음 구절들을 통해 알아봅시다.

　(1) 요한복음 5:29

　(2) 마가복음 12:24~27

　(3) 고린도전서 15:42, 43

심판의 날

• 예수님께서 재림하시면 이 땅에 심판의 날이 오게 됩니다. 그날은 양과 염소를, 죄인과 의인을, 신자와 불신자를 나누는 날이 될 것입니다. 그날에 신자들은 그들의 죄가 없음을 공식적으로 인정받게 될 것입니다. 믿지 않는 자들에게는 두려움과 고통의 날이 될 것이지만, 믿는 신자들에게는 한없는 기쁨과 회복의 날

이 될 것입니다.

1. 심판의 날에 신자들에게 어떤 일이 일어날지 다음의 구절들을 찾아봅시다.
   (1) 마태복음 24:31

   (2) 데살로니가전서 4:16, 17

   (3) 마태복음 25:34

   (4) 고린도전서 6:2, 3

2. 심판의 날에 신자들이 받는 유익들에 대해서 다음 구절들을 통해 알아봅시다.
   (1) 마태복음 10:32

   (2) 로마서 8:33, 34

   (3) 디모데후서 4:8

천국에서 받을 영원한 유익

• 신자들은 예수 그리스도와 함께 천국에 들어가게 될 것입니다. 그곳에서 신자
들은 한없는 복과 기쁨을 영원토록 누리며 살게 될 것입니다.

1. 다음 구절들을 찾아서 읽어 보고 천국에서 신자들이 받게 될 복이 어떤 것인지
   알아봅시다.
   (1) 에베소서 5:27

   (2) 요한계시록 21:4

(3) 고린도전서 13:12

(4) 마태복음 25:23

2. 천국에서 신자들은 어떤 기쁨을 누리게 될까요? 다음 구절들을 찾아서 읽고
　서로 이야기해 봅시다.
　(1) 시편 16:11

　(2) 요한일서 3:2

3. 위의 두 가지, 즉 천국에서의 복과 즐거움은 결국 무엇 때문에 오는지 데살로니
　가전서 4:17의 말씀과 함께 그 이유를 설명해 봅시다.

정리해 봅시다
부활할 때 신자들은, 그들의 (　　　　　)이 공적으로 인정되고 (　　　　　)에
서 완전한 (　　　)과 (　　　)을 (　　　)히 누리게 됩니다.

실천해 봅시다
1. 예수님이 재림하신 후 천국에서의 복과 기쁨을, 완전하지는 않지만 이 땅에서
　도 누릴 수 있습니다. 그것은 하나님의 통치에 복종하는 것입니다. 하늘나라 백
　성으로 살아가기 위해 이 땅에서 해야 할 일을 한 가지씩 구체적으로 생각해
　옵시다.

2. 소요리문답 21문에서 38문까지의 내용을 숙지해 옵시다.

저자 **정요한**

총신대학교 신학과 동대학원 기독교교육학 석사, 프랑스 스트라스부르2대학, 고등연구원에서 수학,
현 프랑스 아미엥 쥘 베른 대학 교육학 박사과정, 총체적복음사역 연구소 연구원, 간사,
대한예수교장로회 제자교회 청년부 담당.

삶을 바꾸는 소요리 성경공부 **구원자 그리스도**

초판1쇄 발행일 | 2014년 8월 29일
초판3쇄 발행일 | 2018년 2월 12일

지은이 | 정요한
펴낸이 | 김학룡
펴낸곳 | 엔크리스토
마케팅 | 이동석, 유영진
관리부 | 신순영, 정재영, 박상진, 김정구, 이건민

출판등록 | 2004년 12월 8일(제2004-116호)
주 소 | 경기도 고양시 일산동구 장대길 74-10
전 화 | (031) 906-9191   팩 스 | (0505) 365-9191
이메일 | 9191@korea.com
공급처 | 기독교출판유통

ISBN 979-11-5594-011-2 04230

* 잘못된 책은 바꾸어 드립니다.
* 책값은 뒤표지에 있습니다.